AF578264

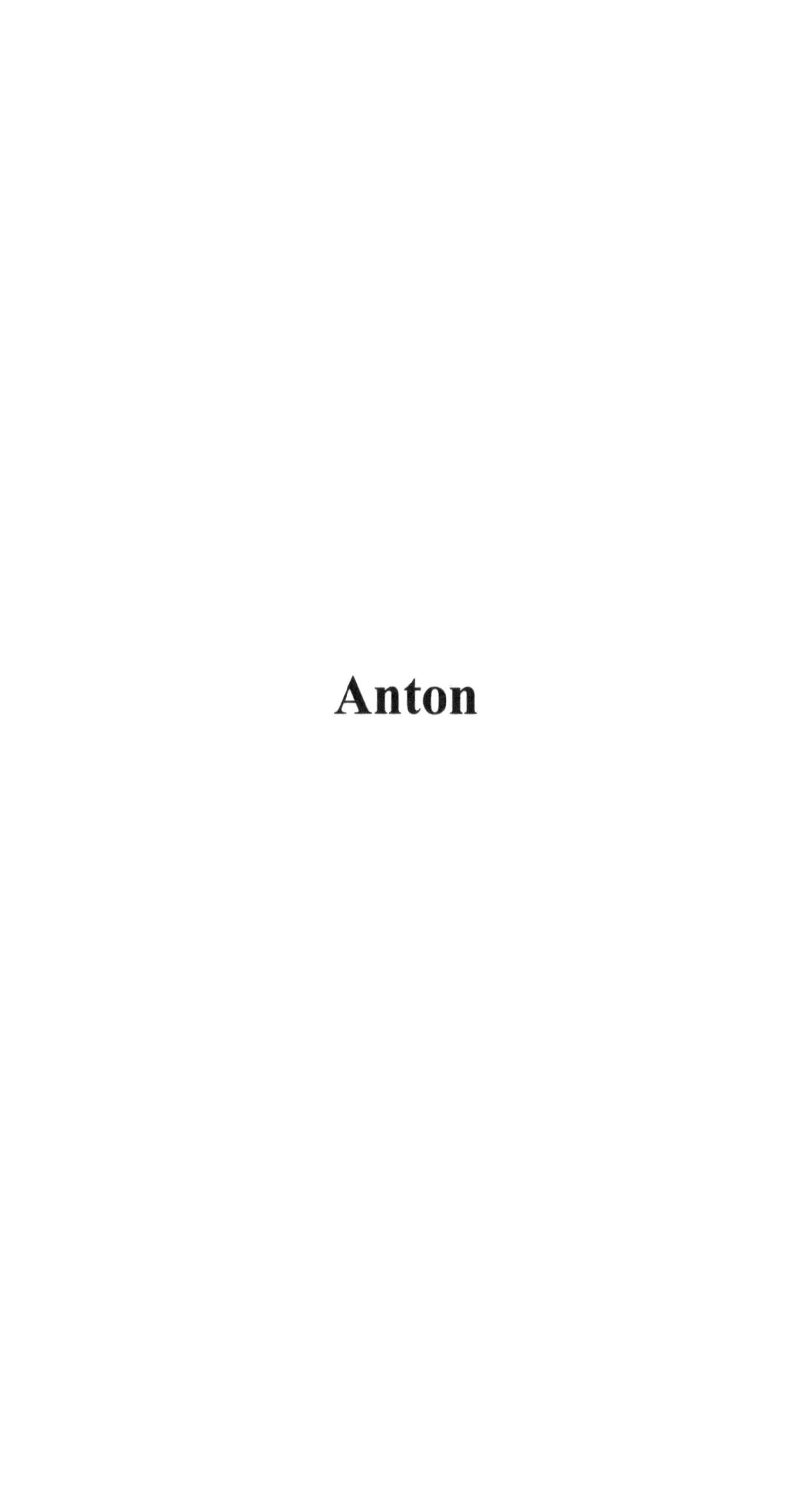

Anton

Risgallah Georges

Anton

Nouvelles

ISBN : 979-10-377-5467-7

Prologue

« Tu vois, ma mémoire flanche ! Un détail me revient ! Mais je ne me rappelle plus de l'année exacte mon "Amour". Peut-être en 1981 ou en 1984 ! ».

« C'était à Paris. Je passai dans la rue Barbès Rochechouart après une longue visite à La Basilique du Sacré-Cœur. J'avais le cœur, l'esprit et les sens emballés. Douceur et légèreté m'envahissaient tendrement et me soulevaient vers d'autres horizons loin de cet univers. »

« Bref, j'errai dans cette rue animée, presque orientale. Mes pensées et mes rêves se tournaient, comme toujours, vers Toi. Et qu'est-ce que j'entends ? Une mélodie (du grand compositeur Abdel Wahab "Fi yom wé leila" interprétée par la gracieuse Warda) qui nous accompagna, toi et moi, longtemps, lors de nos ballades et aventures vécues et/ou ressenties ensemble. Mes larmes (et certainement les tiennes si tu es en train de me lire à cet instant) coulèrent à flots. Mon ciel, mon étoile, mes nuits, ô Seigneur ! Faites-moi revivre ces instants, ce passé ! »

C’est ce qu’Antoine écrivit quelques décennies plus tard dans son petit « carnet » pour éterniser ses mémoires.

Commençons par le début !

Antoine (Anton)

De son balcon, il regardait, contemplait ? Quoi ? Rien !

C'étaient des regards vides, blancs. Il avait besoin de ces moments d'intimité avec lui-même. C'était comme cela, souvent, en rentrant de son travail. Sa concentration lui échappait. Il vivait seul dans un appartement meublé : deux chambres et un salon. Cet appart était au premier étage d'un immeuble neuf et bien entretenu par un « bawab » (concierge) arrivé tout droit de la Nubie.

Antoine ou Anton (comme certains l'appelaient) avait les cheveux noirs, plus noirs que le charbon brut. Ses yeux étaient marron, mais qui changeaient selon les heures, les lumières, les ombres et les angles. Son visage était pâle d'une pâleur enivrante, souligné par quelques cernes, de temps à autre selon son humeur. Ses vingt-trois ans étaient son atout : jeunesse, force, révolte et persévérance. Le ciel venait de lui sourire : quelques semaines après avoir obtenu son diplôme, on l'embaucha dans un collège catholique privé français. Il y enseignait le français, les mathématiques plus le dessin comme activité. Cet établissement était à dix minutes de marche de chez lui. Il se sentait en forme. Les premiers jours, donc en septembre, de l'année scolaire étaient parfaits. Tout était beau et intéressant (pour lui) et une grande volonté d'apprendre (sur le tas) le métier de l'enseignement. Il se régalait. Il donnait, sans réserve, tout son savoir. Sa classe était son univers : la quatrième C avec ses cinquante-six yeux qui le fixaient admirativement, quotidiennement, sauf le vendredi et le dimanche (le vendredi : jour de la prière musulmane. Le dimanche : jour de la prière chrétienne). Quand il parlait de ses élèves, il disait « les oisillons » ou parfois « les petites fleurs aux pétales clos ». C'était un collège pour filles. Une « madrassa » (école, collège ou lycée) de renommée. Pendant ses deux jours de repos ou week-end à l'égyptienne, il corrigeait les devoirs et les contrôles de « ses élèves ». Mais, surtout, il lisait, énormément. De temps à autre, il dessinait et peignait. Il adorait lire, dessiner, peindre et écrire (pour lui, pour son plaisir). Un vrai autodidacte. Quelque part, cela lui était d'une grande utilité pour son travail (presque un entraînement). Il ne se souciait de rien, surtout pas des tâches ménagères car il avait une « Khadama » (domestique) qui venait un jour sur deux lui faire le ménage, quelques courses et des repas.

Salwa

Salwa « la bonne » était honnête, respectueuse et discrète. Antoine lui faisait entièrement confiance. Il lui avait confié un double de la clé de son appart pour pouvoir venir en son absence. Elle avait quarante-deux ans mais paraissait plus âgée. Le sort s'est abattu sur elle avec acharnement. Divorce du jour au lendemain. Deux enfants à nourrir. Un logement trop étroit. Depuis l'acte lâche et irresponsable de son ex, elle vivait chez ses parents avec ses deux enfants. Cinq âmes dans un deux-pièces, en tout et pour tout, au sous-sol d'un immeuble délabré. Son travail chez trois familles lui permettait de nourrir sa marmaille et donner quelques « guénéh » (livres égyptiennes) à ses parents. Ces derniers étaient les concierges de l'immeuble. Elle aimait bien son patron. Il la traitait bien et avec respect. À force de le voir, il s'est créé entre eux un lien intime, presque une amitié. Elle se confiait à lui. Lui racontait ses problèmes ; lui parlait de ses enfants, de ses parents, etc. Le hasard fit qu'un jour, alors qu'il prenait sa douche, elle arriva, un peu plus tôt que d'habitude, faire le ménage. Croyant que son « sayed » (maître) n'était pas là, elle ouvrit la porte de la salle de bain.

— Oh, mon bey, excuse-moi !

— Pas grave Salwa !

Elle a vu sa « jeunesse », malgré les quelques secondes rapides. Qu'il est beau ! se dit-elle. Elle sortit discrètement de peur de troubler son rituel et continua son ménage. Lui, se sécha vite et sortit. Dans sa chambre, il traîna (pieds nus) pour mettre son slip et son T-shirt. Elle frappa à la porte.

— Rentre !

— Oh, tu n'es pas encore habillé mon bey ?

— Non Salwa, pas encore.

Il s'approcha d'elle et lui tint la main.

— Sidi, ce n'est pas convenable ; dit-elle, en baissant les yeux et en se laissant faire.

Il la tira vers lui, vers son buste, lui embrassa la joue et ensuite glissa ses lèvres vers les siennes.

— Maître, non, s'il te plaît, j'ai presque l'âge de ta mère.

— Oh Salwa, tu es belle !

Il était épris par cette lassitude qu'il voyait dans ses yeux. Mais, sa peau révélait le contraire : lisse, ferme et agréable à toucher. C'était une femme qui soignait son corps, s'épilait régulièrement avec une pâte à épiler à base de sucre (comme la plupart des Orientales) : la « moustache », les aisselles, l'aine, entre les cuisses. Tout un art ! Elle aimait son corps et se regardait souvent dans la glace.

Les petites passions d'Anton

Antoine avait un faible pour les billes, les boutons et les timbres. Il n'a jamais compris d'où lui venait cette « passion » lointaine, enfantine. Il collectionnait les billes et en avait plein dans de petits bocaux (à l'origine, c'étaient des bocaux de confiture). Pareil pour les boutons, il en avait plein dans de petites boîtes en plastique (à l'origine, c'étaient des boîtes de cachets). Les timbres, ah les timbres ! Quatre grands albums étaient remplis de ces petits bijoux (à ses yeux). Il affectionnait particulièrement ceux qui représentaient le roi Fouad et le roi Farouk. La grande époque et l'âge d'or de l'Égypte moderne selon lui. Régulièrement, il regardait tout cela avec « tendresse ».

Presque toutes les semaines, il sortait (une fois au moins) pour assister à une musique de chambre au Musée des Beaux-Arts d'Alexandrie sise rue Ménacha c'était le prolongement de sa rue Iskandaranie (la rue dans laquelle il vivait). Ces deux rues étaient séparées perpendiculairement par la rue Moharram-Bey que traversaient les tramways jaunes exclusivement alexandrins. Il assistait, aussi à des spectacles donnés au C.C.F. (Centre Culturel Français) rue Nabi-Daniel : pièces de théâtre, des one man shows, soirées dansantes, récital, etc. C'est dans cette rue qu'il tombait (par terre sur le pavé ou le trottoir) souvent sur les plus beaux boutons pour sa collection. Il n'hésitait jamais à enrichir ses « collections » en déboursant de petites sommes, soit chez des privés (connaissances ou autres), soit chez des professionnels. Bref, ses semaines étaient bien remplies : travail, enseignement, sorties, préparation des cours, correction des devoirs et contrôles, etc.

Les Béhélek et les Azouri

Les Béhélek et les Azouri étaient deux familles relativement aisées qui faisaient partie de la classe moyenne. Les Béhélek : une pure famille égyptienne copte. Les Azouri : une famille libanaise maronite qui s'est installée en Égypte en Alexandrie vers la fin du XIXe siècle. Ils avaient quitté le Liban à cause d'une situation politique instable et sanguinaire. Ils avaient choisi l'Égypte et surtout Alexandrie car ils savaient que cette grande ville (sirène de la Méditerranée) était cosmopolite. Les Grecs, les Français, les Anglais, les Syriens, les Italiens et les Égyptiens (Juifs, Chrétiens et Musulmans) se côtoyaient dans une rare harmonie que beaucoup de pays voisins enviaient. Ces deux familles vivaient à Attarine. Un quartier qui attirait les familles d'origine étrangères. On y entendait toutes les langues. Au premier étage d'un immeuble assez cossu vivaient Elias et Jeanine Azouri ainsi que Boutros et Marie Béhélek. Trois étages et six appartements constituaient ce bâtiment calme. Les Azouri avaient deux filles : Arlette et Nadine. Les Béhélek avaient trois garçons : Boulos, Henri et Georges. C'est ce dernier qui tomba amoureux, du premier regard, de la cadette des Azouri, Nadine en la croisant, un jour d'été, dans l'immeuble. L'entente entre les deux familles et le mariage furent rapides. Le nouveau-né, lui aussi, son arrivée fut rapide. Neuf mois (pile-poil) après le mariage, Antoine naquit.

Monsieur et madame Béhélek
Georges et Nadine

Georges était comptable à la banque Misr (la banque d'Égypte l'équivalant de la BNP en France). Il était corpulent, moustachu, souriant, travailleur, consciencieux et honnête. Tous ses collègues l'appréciaient et, même, se confiaient à lui. « Khawaga ! J'ai besoin de ton aide ! ». « Khawaga ! Je n'arrive pas à saisir cette opération ! Je suis nouveau dans le métier ! ». Ainsi de suite, il était « la référence ». Ils aimaient l'appeler « Khawaga » car il maîtrisait le français et il était chrétien (Khawaga voulant dire étranger. Un paradoxe, car il était un pur égyptien. Mais, à la fois, c'était une grande marque de respect). Parfois, les voisins venaient le voir pour avoir des informations et des conseils sur tel livret d'épargne ou telle action, etc.

Quant à Nadine, à part qu'elle avait la beauté légendaire des Libanaises et la taille et la finesse des mannequins, c'était un excellent « cordon bleu ». Sa cuisine, ses plats libanais régalaient son mari et toutes les personnes qui avaient la chance de les déguster, occasionnellement. On ne jurait que par sa « cuisine » et son « savoir-faire ». Elle était généreuse par sa douceur et son sens inné de l'écoute de « l'autre ». Ses connaissances et ses voisines passaient la voir, dans la matinée ou dans l'après-midi, pour prendre le café avec elle et la suppliaient de lire (et de dévoiler) « l'inconnu » et le « futur » dans la tasse. C'étaient des moments de convivialité extraordinaires.

Les collègues d'Antoine

Antoine aimait son collège, son lieu de travail. Il était en bon terme avec la plupart de ses collègues.

Mère Andrée, la directrice, lui faisait confiance.

À aucun moment, elle n'hésita pour l'embaucher. Elle vit en lui l'énergie, le nouveau sang pour « son » établissement. Elle était discrète et humaniste. Dans chaque classe, il y avait deux ou trois élèves que le collège leur payait les frais de scolarité et une sorte de pension pour leur famille. Elle était en contact direct, montait des dossiers pour ces familles égyptiennes pauvres et dans le besoin pour avoir des aides de la fondation des « Chrétiens d'Orient » qui participait à ce genre d'action de solidarité.

Sœur Marcelle : sa cheffe hiérarchique directe, prof de religion, le surveillait de près. Contrairement à mère Andrée, elle se méfiait de ce jeune prof, nouvellement embauché et qui n'a que quelques années de différence avec les filles du collège.

Monsieur Benyamin Bébawi : prof de dessin.

Mademoiselle Monique (Mona) : prof de français.

Monsieur Moustapha Fahmi : prof d'arabe.

Monsieur Magdi Helmi : prof d'histoire.

Mademoiselle Josette : prof d'anglais.

Monsieur Kamal Halim : prof de physique/chimie.

C'était avec ceux-là, principalement, qu'il avait affaire le plus souvent.

Christiane

C'était la plus belle et plus douce des filles. Cheveux longs châtains, yeux verts, joues roses, peau blanche et pâle (Antoine avait un faible pour les peaux claires et pâles). Elle était plus âgée que lui d'un an, mais faisait plus jeune et plus joyeuse. Il était en deuxième année à la fac de lettres de l'université d'Alexandrie et elle en troisième année. Il la croisait souvent dans les couloirs du département mais n'osait jamais l'accoster.

Une sortie d'une semaine pour Assouan (dans le Sud égyptien) fut organisée pour le département français de la fac de Lettres. Les places étaient limitées. Une trentaine maximum. Christiane et Antoine faisaient partie des « élus ». Plein de visites étaient programmées. Des journées et des soirées bien remplies. Les grandes statues de Memnon ; l'obélisque couché et inachevé ; le temple Kom Ombo et son musée ; le site Kalabsha les remplissait d'admiration et de fierté. Tous et toutes étaient les descendants de ces anciens Égyptiens, ces grands bâtisseurs, ces pionniers dans pas mal de domaines. Ils avaient des temps libres où ils pouvaient faire ce qu'ils voulaient : promenade en calèches, poster des lettres et des cartes postales (aux proches et connaissances), balades à pied, visites des souks (marchés). Jus de canne à sucre, jus de karkadé (hibiscus), jus de banane, jus d'orange ; les sandwichs de fèves, de falafels, d'œufs brouillés, de fromage, avaient une saveur différente qu'en Alexandrie ; c'était trop bon, trop délicieux. Peut-être l'effet de l'ambiance qui régnait entre eux : fraternité et amitié.

Lors d'une après-midi, un groupe de cinq ou six collègues s'arrêtèrent dans un semblant de parc (rare en verdure) pour discuter et faire une pause après une marche assez longue dans les ruelles d'Assouan. Anton, et il était le seul, avait son poste radio/magnétophone (il ne se séparait presque jamais de ce dernier). Il aimait l'avoir sur lui. Il le rassurait. De temps à autre, il mettait une cassette et écoutait exclusivement Abdel Halim Hafez son chanteur et unique artiste préféré. Il le faisait pleurer. Voyant qu'il avait souvent tendance à s'isoler, ses camarades le charriaient : « Attention à ta tour d'ivoire, elle va s'écrouler ». Ou, « Reviens parmi et avec nous Anton, on ne va pas te dévorer vivant ! » Et tout le monde rigolait, y compris lui. Cette fois-ci, Christiane osa déranger sa retraite.

— Je peux savoir ce que tu écoutes ? On dirait que tu adores cette chanson, tu ne cesses de la passer et la repasser ! S'étonna Christiane.

— Oh que oui ! Celle-là particulièrement : mélodie et paroles.

— Mais le son n'est pas net, mauvais même.

— Je sais, mais c'est un enregistrement rare d'un concert chez des privés.

Malgré ce, elle resta près de lui (elle n'aimait que Mickaël Jackson, John Travolta et les Bee Gees) le touchant presque, genou contre genou, bras contre bras, essayant de découvrir son mystère, son silence, son errance. Lui, il était loin d'elle. Loin de lui-même. Il planait ailleurs. Il ne sentit même pas la main de Christiane se poser sur lui.

Le soir, à l'hôtel, elle vint exprès lui dire « bonsoir » avant d'aller dans sa chambre.

Depuis ce jour, se créa doucement, entre eux deux, réciproquement, un amour pur, tendre et doux. Platonique.

Les rencontres et rendez-vous entre eux deux se multiplièrent à l'extérieur de la fac. Et même quelques visites chez elle ou chez lui sous les regards bienveillants des deux familles.

Il fondait d'amour pour elle. Elle aussi l'aimait, mais d'une façon plus raisonnée, presque maternelle.

La séparation

Arriva le jour fatidique ! Elle eut son diplôme de fin d'études. Lui, par contre, il lui restait, encore, un an. Un an qui lui parut une éternité. Ce fait cruel, réel fit que leurs rencontres s'espacent. De moins en moins, ils se voyaient. Elle, dans la vraie vie, travaillait déjà dans une agence de voyages. Et lui, toujours, dans le virtuel, dans la théorie.

Il finit, un jour, par lui demander si elle accepterait (et bien sûr sa famille) qu'il l'épouse. Elle, lui avoua que dans quelques semaines, elle partait définitivement en Australie avec un « inconnu ». Ce dernier vint exprès pour se marier d'elle après une longue ou courte (peu importe) correspondance entre lui d'une part et les parents de Christiane et elle-même d'autre part. Elle trouvait cet « homme » charmant et attirant. L'amour viendrait plus tard. Elle en était convaincue. Surtout (c'était son ARGUMENT et il était plus que plausible), elle trouvait que le pays n'était plus fait pour les Coptes et qu'il y avait de plus en plus une pression voire harcèlement moral (et même physique) direct ou indirect pour que les chrétiens égyptiens quittent le pays. Donc, c'était une opportunité pour elle de fuir cet État de « dingues ». De faire sa vie AILLEURS.

Il la comprenait car le contexte (du pays), il le connaissait, le vivait comme beaucoup d'autres (hommes et femmes). Une situation économique au bord du gouffre : un terrain fertile pour l'islam et les islamistes. Ces derniers dominaient et s'imposaient, sournoisement, avec la force d'une gangrène, d'un monstre à mille têtes. Les femmes et même les jeunes filles se voilaient par centaines, par milliers (soit par peur, soit par imitation ou soit par conviction). Un phénomène qui n'a jamais existé en Égypte (ou rarement). Les hommes, même des scientifiques (médecins, ingénieurs, etc.), troquaient leur pantalon, leur chemise et leur veste pour une « galabiah » (robe masculine comme celles que portent les paysans et les Bédouins dans le Sud égyptien), laissaient pousser leur barbe et portaient désormais que des tongs ou des pantoufles. On entendait que des « Allahou Akbar » partout et à toutes les heures, même dans les masses médias.

Une ambiance générale étouffante régnait dans le pays. Un « lavage d'esprit » en bonne et due forme, se mettait en place avec la « bénédiction » d'« Al AZHAR » (institution islamiste sunnite se trouvant dans un quartier pourri du Caire) et tous les imams d'Égypte, sans exception et à leur tête un certain Metwalli el Chaarawi qu'on voyait tous les vendredis à la télé égyptienne. Sous son air de vieux papi gentil, compatissant, c'était un pervers, un vicieux, un inculte et un ignorant. Pour lui, il n'y a que le coran. C'est la seule vérité. Il était fier de n'avoir lu et de ne lire que ce livre. Pour lui, il y avait tout dans cet ouvrage. Les slogans fleurissaient partout sur la terre égyptienne : « l'islam, c'est la SOLUTION » ; « l'islam est notre guide » ; « nous ne voulons que l'islam » (même aujourd'hui, ce genre d'agressions verbales, publiques, physiques, morales et psychologiques existent). L'obscurantisme se déclarait le maître absolu des pensées, des mentalités, du quotidien et des agissements.

Anton était dans l'impuissance de faire quoi que ce soit pour le « Bonheur » de Christiane.

Une déception atroce se gravait en lui, petit à petit, et pour le restant de ses jours.

Ce jour-là, il rentra chez lui le cœur abîmé, blessé, déchiqueté.

Il se sentit vieillir de dix, vingt, trente ans.

Il se jura d'oublier et d'ouvrir une nouvelle page dans le livre de sa VIE.

L'obsession d'Anton

Les années passèrent, mais son amour était bien gravé en lui.

Le travail, les collègues, ses hobbies et Salwa le consolaient, le distrayaient de cette OBSESSION chère à lui. Cela, ne l'empêchait pas qu'à certains moments, il se demandait quoi de plus fort, de plus grand que son Amour/Passion pour elle ?

La réponse à cette interrogation était claire, nette et sans ambiguïté : la vie, le quotidien et la réalité cruels de tous les jours avec son lot de bien et de mal.

Première année

Sa première année au collège passa rapidement et il se fit remarquer agréablement par ses collègues et ses supérieures.

C'était les années quatre-vingt en gros.

Deuxième année

Après sa deuxième année (scolaire) au sein de la « madrassa », il décida de s'offrir un voyage de quelques semaines en France. Comme tout le corps enseignant, il avait droit à deux mois de vacances. Donc, quelques semaines à Paris ne lui feraient pas de mal, au contraire !

En juin, il fit les démarches nécessaires pour avoir son passeport et la demande de visa auprès du consulat français : une belle et spacieuse villa avec vue sur mer sise rue Saad Zaghloul.

Début juillet, tout était prêt : passeport, visa et billet aller-retour.

Ses parents s'inquiétaient car ils ne connaissaient personne en France pouvant recevoir ou guider leur fils au moins les premiers jours de son arrivée sur « la terre de tous les fantasmes ». Mais lui Antoine, s'en moquait. C'était son dernier souci. Il choyait et cherchait les surprises. L'inconnu. Il prépara sa valise, dit adieu à ses connaissances (peu nombreuses d'ailleurs) et à Salwa en n'oubliant pas de lui confier la deuxième clé de son appart et quelques billets.

Trois semaines n'étaient pas énormes, mais il en avait besoin.

Souffler. Respirer. Oublier. Errer. Ni but. Ni objectif. Juste partir. Juste revenir.

Ses parents l'accompagnèrent à l'aéroport international du Caire. Il leur fit ses adieux qui ne durèrent pas longtemps et prit l'avion. Ce dernier décolla.

Son cerveau et son âme eux aussi décollèrent.

Arrivé à l'aube, après presque cinq heures de vol, l'avion atterrit à l'aéroport Charles de Gaulle à Paris.

Enfin ! Sa terre promise. Sa terre d'oubli. PARIS !

Après les formalités des douanes, etc. ; il se trouva, Dieu soit loué, à l'extérieur dans les rues de Paris.

Il prit un taxi qui l'amena à un hôtel deux étoiles dans la rue J. J. Rousseau. Il avait l'air assez confortable comme lieu. Il réserva pour trois semaines et paya d'avance une dizaine de nuitées.

Voilà qui fut fait.

Commença son aventure. Ses balades. Ses visites. Ses errances.

Il eut quelques péripéties, quelques aventures. Bien sûr ! C'était prévu !

Presque chaque soir, il allait dans des boîtes de nuit danser et boire.

Parfois, il rentrait à l'hôtel accompagné d'une belle dame. Liaison d'une nuit. Les après-midi, il les consacrait aux musées, aux monuments, etc. : le Louvre, centre Pompidou, l'Arc de Triomphe, l'obélisque, Notre-Dame, le Sacré-Cœur, les Champs-Élysées, la rue Rivoli, l'Opéra, le musée Delacroix, Montmartre, les halles, le Panthéon, le Père-Lachaise, le Moulin Rouge, les quais de la Seine, les bouquinistes, les quais du métro, les bateaux-mouches, l'église Saint-Eustache, le boulevard Saint-Michel, rue Barbès Rochechouart, la rue des rosiers, le Luxembourg, la tour Eiffel,

Montparnasse. Il assista même au défilé du 14 juillet. Paris l'Art. Paris la Mode. Paris les petits bonheurs. Paris loisirs. Paris l'Amour. Paris le jour. Paris la nuit. Paris les désirs. Paris les rires et les larmes. Paris la mode. Paris la monumentale. Paris l'extravagante. Paris la Liberté. Paris des droits de l'Homme. Paris des devoirs de l'Homme. Paris l'humaniste. Paris l'Universel. Par moments, un visage croisé dans une ruelle, une mélodie ou un parfum lui rappelaient Christiane. L'oublier était difficile. Même à Paris. Il voyait sa silhouette paraître et disparaître. Il finit par lui parler vraiment de vive voix. Elle était archi présente. Son âme partait et dialoguait avec elle. Lui-même était le sanctuaire de Christiane. Elle vivait, cohabitait en lui.

À force, et pour essayer de l'oublier, il devenait maniaque. L'automatisme absurde le gagnait. Tel un voyeur vicieux, il observait et analysait tout : les détails et formes des objets même insignifiants, le caractère des gens qui l'entouraient, de loin ou de près.

Ce voyage le métamorphosa.

Ses idées et visions des choses devenaient de plus en plus aiguës, poignantes. Ses regards acérés.

Rien ne lui échappait.

Le séjour prit fin.

Conclusion : il apprit que lui et tous les Égyptiens vivaient dans une précarité corporelle, matérielle et intellectuelle. Les notions d'hygiène, de liberté, d'objectivité, de respect d'autrui leur étaient inconnues. Par leurs propres fautes, ignorance et suffisance.

Il fut tenté de rester en France. La France sa patrie de cœur et d'esprit. Mais il aimait trop son Égypte (avec ses défauts mortels), sa patrie de naissance, de ses parents et de ses aïeux. Il l'aimait telle une mère souffrante qui avait besoin de lui, de sa compassion, de sa compréhension et de sa tendresse.

Il rentra.

Son (nouveau) caractère s'aiguisa, s'affirma.

Cependant, le mois de vacances qui lui restait le fit souffrir. En plus, une chaleur malsaine et humide le rendait irritable. Alexandrie au mois d'août. C'était long. Il lisait. Oui. Il s'occupait. Oui. Il sortait. Oui. Mais il n'en pouvait plus. Il s'ennuyait à mort. Il ne voulait plus penser à ELLE. Mais en vain !

La vie continue. Bon gré. Mal gré.

Hélas !

Troisième année

Septembre arriva. Le travail reprit. Enfin, le sourire. Son sourire.

Il s'appliquait davantage dans son enseignement, dans ses cours, dans ses corrections, dans ses réunions, dans ses relations avec ses collègues. Bref, son cerveau et son âme étaient occupés. Il était à l'aise. Il avait de moins en moins de difficultés à rendre ses élèves attentifs et curieux. Tellement bien dans sa peau dans le métier de l'enseignement que cela devenait de la routine, de l'ordre. Il aimait ça !

Salwa était son refuge et sa bouée. Il appréciait son authenticité, sa simplicité, sa chaleur, son tempérament et sa spontanéité. Elle lui donnait cette attention et cette tendresse qui lui manquaient. C'était la seule, aussi, à avoir remarqué son nouveau caractère irritable et aigu et le lui dit un jour où le corps à corps entre eux ne faisait qu'un.

Cette deuxième année (scolaire) était calme – après l'orage de ses sens. Cette sérénité l'inquiétait. Pour lui, ce n'était pas normal, pas dans l'ordre des choses. Les élèves, ressentant son désarroi, étaient plus sages que d'habitude.

Il donnait ses cours, terminait sa journée et rentrait chez lui. Rien de spécial. Rien d'original. Rien d'anormal. Comme lui.

Chez lui, il mangeait un morceau, discutait avec Salwa si elle était par là. En début de soirée, il sortait et errait jusqu'à la corniche. Ces bouffées d'air lui faisaient du bien, le ravivaient. Ensuite, il rentrait, soupait. Parfois, par lassitude morale et psychologique, il dormait sans manger.

Un jour du mois d'octobre, à son réveil, Anton (pas à l'aise, barbouillé et une migraine constante) se dit :

« voici un jour comme un autre. Banal comme un autre. Lassant comme un autre. Réveil, café, labeur, retour, coucher ». C'est ce qu'il crut. Il s'était trompé. Comme dans tous les établissements scolaires (privés ou publics) en Égypte ; le matin, les élèves et les professeurs se mettent en rangs par classe pour saluer le drapeau et écouter l'hymne national : « biladi, biladi » (mon pays, mon pays) accompagné de « Vive l'Égypte ». Ensuite, tout le monde part en classe.

Anton arriva (c'était un fait rare) en retard. Il avait mal dormi. Il avait mal à la tête. Stress ? Il ne savait pas.

Comme on le verra dans le récit qui va suivre. Anton n'oubliera jamais ce jour qui, finalement, sortira du lot.

En effet, ce jour-là, le portail était grand ouvert. Bizarre !

Une foule bien excitée attendait à l'extérieur, sur le trottoir. Quoi ? Il le sut plus tard.

Sans s'en apercevoir, il se mit à attendre avec la foule. Il s'oublia même. En attendant, il crut voir par terre un bijou. Il se pencha et constata que ce n'était qu'un bouton doré et brillant. Il le ramassa et le mit dans la poche de son pantalon discrètement.

Voyant que personne ne bouge, il se fraya un chemin jusqu'à l'intérieur de Saint-Joseph.

— Ô ! Seigneur ! « El boliss (la police) », se dit-il.

Au sol, sur une mare de sang, presque noir, s'étalait une collègue inanimée. C'était Monique la prof de français, il l'a reconnue de suite. Le médecin du Collège, vautré sur elle, essayait de la réanimer. Peine perdue. Elle était morte. Apparemment, elle a été poignardée. Il sut, plus tard, qu'elle a été attaquée avant juste de rentrer dans la cour de la « madrassa ».

L'officier Saïd (il sut plus tard son prénom) a relevé (même pas !), a remarqué quelques taches de sang sur le sol à l'extérieur de l'établissement. Par « pudeur et compassion » pour la victime, il demanda à ses subordonnés de porter son corps et le mettre à l'intérieur loin des regards des « curieux ». Faute professionnelle ? Erreur de calcul pour son enquête ? On ne le saura jamais. C'est fait. Point barre.

Ce vrai cauchemar accentua les maux physiques, psychiques et moraux d'Anton. Il quitta ce deuxième rassemblement. Car à part le premier qui se trouvait à l'extérieur de l'établissement, il y avait un second à l'intérieur. À part la mère supérieure (la directrice), il y avait aussi les employés, le « zabet » (officier) et trois ou quatre « askaris » (soldats/gendarmes). Après ce spectacle tragique, il monta dans sa classe. C'était la meilleure solution. Les élèves pleuraient et avaient peur. Certaines, même, se lamentaient. Il essayait de les calmer. Mais, c'était impossible. C'était légitime et compréhensible. Elles étaient éprouvées. On entendait les échos et des bribes de mots de ce qui se passait dans la cour. Des hurlements provenaient de l'officier.

C'était le genre d'égyptien (très répandu) qui ne pouvait parler qu'en hurlant. On entendit la sirène de l'ambulance annonçant son arrivée et l'urgence de la situation. Les ambulanciers prirent le cadavre de la regrettée enseignante pour le déposer à la morgue. Quant à Saïd l'officier, il partit avec trois de ses agents et laissa sur place le quatrième un « chawich » (brigadier) pour surveiller et maintenir l'ordre (au cas où !).

Vu les circonstances graves, la mère supérieure (la dirlo) appela (avec l'aide des profs) les parents pour qu'ils viennent chercher leurs enfants. Ensuite, elle invita les enseignants et tout le personnel à rentrer chez eux.

C'était une journée, et c'est peu de le dire, dominée par une ambiance morne, lugubre et qui n'était apte à quelconque enseignement ou action. Les profs, eux-mêmes, étaient à bout. Ils se posaient mille et une questions. Est-ce qu'ils étaient visés ? Est-ce que c'était un acte individuel ? Etc.

La journée fut très longue, interminable.

Anton finit par rentrer chez lui, plus tôt que d'habitude. Seule consolation : la présence de Salwa. Sa belle Bouée qui se colla et s'offrit à lui. Cet intermède en elle et entre ses bras lui fit un grand bien (comme toujours). Il lui raconta l'horreur du jour. Il était, vraiment, affecté.

Comment peut-on tuer une personne dans l'exercice de ses fonctions (nobles par-dessus tout) ? Pas de réponse.

Il sortit après un dîner symbolique et pour la forme (il n'avait pas très faim). Il prit le chemin du collège par curiosité. Sur place, il constata les taches de sang presque noires, entourées de cercles tracés à la craie. Une rapide nausée s'empara de lui, mais vite elle disparut. Il salua le brigadier par un « massa el kheir » (bonsoir) qui était assis à l'entrée de la « madrassa » sur un banc bancal.

— Bonsoir « chawich » ! s'exclama Anton avec un signe de la main.

— Bonsoir « Oustaz » (monsieur) ! répondit le brigadier.

— Rien de neuf ?

— Malheureusement, rien ! « Tfadal » (je t'en prie : le vouvoiement n'existe pas en arabe), venez vous asseoir !

— « Tochkar » (je te remercie) ! Volontiers, je ne vous dérange pas j'espère !

— Non, bien au contraire, rien ne se passe, et je commence à avoir mal au dos à cause de ce banc mal foutu.

— Courage « chawich » ! « Vous pouvez porter sur votre belle moustache touffue, deux aigles » (citation d'une ancienne chanson égyptienne, pour insinuer que la personne désignée est forte et résistante).

Sur ce, le brigadier explosa de joie (et peut-être de fausse modestie).

— « Hadret » (Sa Seigneurie) l'officier avance-t-il dans son enquête ? Continua Anton, ne voulant pas interrompre son « interrogatoire ».

— Je ne sais pas ! Mais demain, il passera pour vous interroger et interroger vos collègues et à l'occasion certains parents. Ou alors, d'après ce que je sais, il enverra, pour cette besogne, un (ou des) enquêteur. C'est la procédure classique.

— Ce serait parfait qu'il trouve le criminel.

— « Aywa » (oui), ce « saffah » (criminel) mérite la pendaison !

— C'est la moindre des choses. En effet !

La discussion prit fin quand le brigadier remarqua qu'il était vingt-deux heures passées. Il sursauta, remit le siège à l'intérieur de la « madrassa », salua son interlocuteur et partit.

Anton fit de même.

Les jours qui succédèrent le meurtre

Le lendemain, dès son arrivée le matin, la mère supérieure le convoqua pour l'informer de ses nouvelles responsabilités : désormais, il s'occupera de deux classes, la sienne et celle de Mona, en attendant une remplaçante. Mais, ce ne sera pas dans l'immédiat. Plutôt, à la rentrée prochaine.

L'entretien terminé, il reprit normalement son travail.

Tout était calme.

Le même train-train.

Mais les esprits étaient ailleurs.

Des chuchotements par-ci par-là : dans les couloirs, dans la cour, dans la salle des profs. Chacun essayait de réaliser la dimension de ce qui s'était passé.

Comme si un secret était enfoui, perdu quelque part dans un labyrinthe sans fin.

Comme si les ténèbres d'une malédiction voulaient s'emparer de leur existence paisible. Des bruits et des rumeurs malsaines ne cessaient de se répandre vers des horizons non avouables.

Les élèves, conseillés par leurs parents, se montraient dociles, sages, réservés et attentifs plus que d'habitude. Mais leurs regards en disaient plus long : une prière, une supplication, une attente ?

Une TORPEUR régnait.

On voulait une arrestation.

On voulait connaître le coupable.

Découvrir un assassin était un acte humain et pas divin.

Mais, tout le monde se tournait vers son Créateur et priait.

Les jours passèrent. Une semaine. Deux semaines. Trois. Quatre. Cinq. Six et toujours rien.

Aucun signe ! Aucune déclaration des autorités policières.

Cela confirma le vieil adage universel : « La justice est lente. ». Parfois même incompétente.

On savait – soit par les collègues, soit par les enquêteurs – que Monique donnait des cours de français particuliers. Fallait-il, peut-être, chercher à ce niveau, dans cette direction ! Fallait-il exploiter cette piste ? Ce n'était pas exceptionnel : même Anton donnait des cours de soutien. C'était une pratique courante. Les bas salaires expliquaient le recours à ce revenu parallèle. Les enquêteurs continuaient d'enquêter : l'entourage proche de la défunte, les collègues, les parents de tous les élèves… Rien ! Nada !

Le « chawich » continuait sa surveillance. Et la direction, les profs et les élèves commençaient à s'habituer à ce nouvel état de choses et à feindre l'oubli. Les occupations et le quotidien de celui-là ou de celle-là prenaient le dessus.

Les habitudes d'Anton ne changèrent guère : lecture, cours particuliers, sorties le soir… Et justement, lors d'une de ses sorties pour assister à une pièce de théâtre au Centre culturel français (rue Nabi

Daniel), il trouva par terre dans la salle de spectacle un bouton couvert d'un tissu de velours vert olive. Adorable. Il le mit dans sa poche pour enrichir sa collection et se promit, en rentrant, de rejeter un coup d'œil, de mettre de l'ordre et voir où il en est de cette « collection ».

Enfin, la vie reprenait son cours. C'est important les vieilles habitudes : ça rassure !

Même si l'assassin restait libre.

L'année scolaire commençait à prendre fin. Inconvénient : la chaleur revenait avec force et s'imposait.

Les va-et-vient des préparatifs des examens de fin d'année devenaient incessants.

C'est vers cette période que le père, d'une des élèves de sa deuxième classe, l'accosta à la sortie pour qu'il donne des cours particuliers et intensifs à sa fille. Celle-ci avait un niveau quasi très faible dans toutes les matières. En discutant avec ce papa (qui était d'une élégance exceptionnelle), il crut reconnaître les boutons de la veste de ce monsieur. Ils ne lui étaient pas étrangers. Il s'étonna (vu sa classe) de remarquer que le dernier bouton de sa veste manquait. Un détail pas chic – du tout. Du coup, ça le brûlait de rentrer chez lui. Un déclic ? Le papa était bavard. La discussion s'éternisait. Enfin, il était temps ; ils se donnèrent rendez-vous chez lui pour le premier cours. Ils se dirent « au-revoir » !

Anton rentra chez lui, presque en courant. Il voulait vérifier quelque chose. Il sortit sa collection de boutons. Il cherchait, fouillait mais ne trouvait pas ce qu'il voulait : le BOUTON qui ressemblait à celui de la veste. Il était juste devant ses yeux, mais ne le voyait pas. Aveuglé par tant d'évidence ? C'était celui qu'il avait ramassé dernièrement.

Ah ! L'être humain !

Voilà, enfin, il le vit, le prit, l'approcha de ses yeux, le fixa, le tourna dans tous les sens. C'était le même. Une copie plus que conforme. Il prit une loupe (celle qu'il utilise aussi pour sa collection de timbres) et regarda bien et longtemps et vit une tache de sang impossible à voir à l'œil nu. Il comprit ou crut comprendre. Tout était clair. Effectivement ! Il tenait, peut-être le coupable. Il enveloppa le bouton dans un mouchoir blanc en tissu et mit le tout dans un sachet plastique. Il héla un taxi alexandrin (jaune et noir) et pria le chauffeur de le conduire, au plus vite, au « caracone » (commissariat). Sur place, il demanda à voir le « zabet » Saïd. La chance. Il était là, caché derrière une pile de dossiers, de paperasses et d'objets barbares.

— Ahlan (Bienvenu) oustaz ! lui dit l'officier.

— Ahlan !, lui répondit Anton.

— Ay khédma oustaz ? (Puis-je vous rendre service, monsieur ?)

— Vous vous souvenez de moi ?

— Bien sûr ! Vous êtes prof au collège Saint-Joseph.

— Voilà, je viens vous voir pour vous donner ceci (tout en lui tendant le petit sachet).

— C'est quoi ?

Alors – et il n'attendait que cet instant –, il lui raconta tout. Son hobby, ses trouvailles hasardeuses, sa rencontre avec le père, le bouton…

L'officier était à la fois subjugué, admiratif et finit par lui proposer une « ahwa » (un café). Mais Anton refusa poliment sous prétexte qu'il fallait qu'il rentre chez lui car il était épuisé.

L'officier lui promit de faire le nécessaire, l'accompagna jusqu'à la porte de sortie et lui serra, fortement, la main.

Deux jours après, ce papa fut arrêté. C'était lui le meurtrier.

La visite de Saïd

Arrivèrent les vacances. Les grandes vacances. Les vacances de l'été.

Tout le monde avait besoin de décompresser. Anton faisait partie de ce « monde ».

Lui aussi en avait besoin. Les premiers jours, il se laissa aller à des siestes interminables et faisait les « grâces matinées ». Il en avait le droit.

Salwa prit deux semaines de congé. Quoiqu'elle passa le voir, à deux ou trois reprises pendant ces deux semaines. Ils avaient besoin l'un de l'autre.

Mais un vendredi, Saïd le « zabet » passa, lui aussi, le voir. C'était son jour de repos (et c'est le jour de la prière hebdomadaire des musulmans).

— Marhaba hadret el zabet (bienvenu seigneurie l'officier) ! s'exclama Anton.

— Merci ! répondit Saïd en lui serrant la main. J'étais dans le coin et me suis dit qu'il fallait que je passe vous dire un « bonjour ».

— Je suis « ha'i'i » (vraiment), agréablement surpris. Mais comment avez-vous su que j'habitais ici ?

— Vous oubliez que je suis policier ! S'étonna Saïd.

— C'est vrai ! J'avais oublié !

— J'ai même enquêté sur vous !

— Ah bon ! Vous commencez à me faire peur !

Saïd éclata de rire tout en lui disant que c'était l'avantage du métier de tout savoir et tout connaître sur tous et toutes.

— Je suis là (essentiellement) car je vous dois des explications. Au moins quelques-unes. Déclara l'officier sur un ton grave.

Autour d'un café Saïd raconta tout. Il ne cacha rien, car il avait l'impression qu'une amitié venait de naître entre lui et cet intello de prof.

Épilogue

C’était de la pure routine.

L’officier Saïd ordonna à ses enquêteurs d’aller voir l’entourage de « Mona », de les interroger sur ses relations, ses connaissances. Il sut par les témoignages de ses parents et par son voisinage que c’était une demoiselle indépendante et qui vivait seule dans un appartement rue Fouad (centre-ville d’Alexandrie et faisant partie d’un quartier chic et bien entretenu, presque une rue européenne). Les vendredis et dimanches (les jours de congé des établissements scolaires privés), elle sortait avec ses copines. Elles allaient souvent dans les mêmes endroits tels que les salons de thé : Pastroudis, le Trianon, Délices ; ou clubs : le sporting club, le club grec, le yacht club. Son quotidien ne sortait pas de l’ordinaire. Banal. Aucune folie. On ne lui connaissait pas un petit ami ou un fiancé. Peut-être, elle en cherchait, mais personne n’était au courant. Par contre, on savait que le prof d’arabe Moustapha la critiquait, régulièrement, quant à sa tenue. Des tenues osées, d'après lui. Même la mère supérieure lui faisait des remarques (« mais elle était hors de tout soupçon : c'est une “rahba” une religieuse, de ce fait un ange, et un ange ne tue pas, mais veille sur autrui. »). Au début de l'enquête, le prof d'arabe était le suspect idéal, mais il avait un alibi solide : le matin du meurtre, il était dans la salle des profs en train de corriger des copies. Deux profs confirmèrent sa présence ce jour-là. Il enquêta sur les autres profs, tous sans exception étaient hors de cause. Pareil : le voisinage, la famille, les cousins, les cousines, les connaissances. Rien de ce côté-là, non plus ! Elle, Monique, donnait des cours particuliers.

Donc enquêtes sur les parents de ces élèves (trois ou quatre) concernés. Toujours, rien !

Saïd craquait.

Depuis longtemps, il n'avait rien résolu de sérieux. Que des broutilles. La plupart de ses dossiers étaient classés « mag'houl » « non résolus ». En fait, il était, souvent, sur la voie, à deux doigts de trouver, de dévoiler le criminel. Mais la corruption, la négligence des agents de service étaient plus fortes que tout. Un cancer qui rongeait tout le système administratif de la fonction publique égyptienne. En effet, les preuves et les pièces à conviction, soit elles étaient perdues par « la grâce de Dieu », soit un employé « anonyme », malin ou sans aucune conscience, les détruisait car on lui avait « engraissé la patte ».

Saïd était sur le point de clore cette enquête (pourtant facile, d'apparence). Comme pour les précédentes. Et la liste était longue.

Miracle. Nouvel élément.

Le lendemain après le passage d'Anton, il reprit l'enquête.

L'officier et deux « chawich » allèrent rendre « visite » au père de la fillette en fin de soirée. Ce dernier regardait une série à la télé. Sa femme leur ouvrit. Ils entrèrent sans saluer et allèrent tout droit à l'intérieur du logis. Il était tellement absorbé par l'épisode qu'il n'avait pas réalisé la présence du représentant de l'ordre debout devant lui. Après les « salamalek », Saïd fit signe à son « chawich ». Ce dernier comprit et alla fouiller dans les affaires du suspect. Le second, son collègue, était à la porte d'entrée de l'appartement pour surveiller et interdire l'entrée ou la sortie de qui que ce soit.

Le brigadier, qui fouillait, finit par trouver la veste recherchée. Le bouton manquait. Ils l'embarquèrent au « caracone ». Le suspect ne mit pas longtemps pour avouer. Il raconta qu'il avait de la rancune envers la victime. Car, malgré tout l'argent qu'il lui donnait, sa fille avait toujours de mauvaises notes. Inacceptable. Pour lui : argent égal bonnes notes. Dernièrement (et c'est la goutte qui a fait déborder le vase), elle lui refusa, et pour la énième fois, sa requête. Il voulait (carrément) qu'elle lui donne les questions et réponses du prochain contrôle pour « aider » sa gamine. Sa décision était prise. Triste. Tragique. Il attendit « Mona » la prof à l'entrée du collège. Profitant d'un moment, où la rue était déserte (comme sa cervelle) et aucun passage, il la poignarda à plusieurs reprises. Il ne partit que lorsqu'il fut sûr de sa mort. Après, il s'en alla prendre une « ahwa » dans un café au bout de la rue.

Après ceci, deux questions se posent et s'imposent :

1. Est-il vrai ou probable qu'une amitié sincère et solide soit née entre les deux hommes, je veux dire, entre Anton et Saïd ?

2. Y aurait-il un jour, tôt ou tard, une collaboration entre eux, d'une façon ou d'une autre ?

Je ne sais pas. Peut-être !

L'avenir nous le dira.

On verra !

Le 25 avril 2021
à Castelnau-le-Lez

Madame Large

Il voulait rester, mais hésitait !

Que faire ?

Deux mois à Paris n'étaient pas assez !

Pas concluant ! L'apprentissage de la vraie vie était incomplet, insuffisant !

Il vivait, respirait : l'art, la vraie liberté, l'attention et le respect réciproques.

Quelques mois de plus feraient son Bonheur !

Il voulait observer, appendre, errer et Vivre.

Pour la énième fois, comment faire ?

Pas de sous ou pas assez.

Il se mit alors, à chercher du travail, même ponctuel : quelques heures, quelques jours.

Il avait loué un studio et déjà pour le prochain mois, il se posait la question s'il allait pouvoir payer le loyer.

Tout était beau (mais vraiment tout) dans cette grande et belle ville : il en avait le Vertige.

PARIS !

Il avait déjà visité le Louvre à deux reprises et cela lui manquait !

Sans parler du Centre Pompidou, du Sacré-Cœur et de Notre-Dame.

Il voulait approfondir, s'imprégner de ces endroits. S'il pouvait, il ferait que ça coule dans ses veines.

Les soupirs étaient ses jumeaux, c'était lui.

Il est tombé amoureux de Paris.

En deux mots : il l'avait dans sa peau.

Mais les sous, hélas, lui faisaient défaut et le temps pressait.

Enfin, le hasard lui sourit (si l'on peut dire).

Toujours, en se baladant, il fut poussé par un je-ne-sais-quoi de compulsif, de spontané et rentra dans un restaurant « Chez Chichois » (jusqu'à cet instant, il se souvient du nom du restaurant.). Il se trouva à l'intérieur de l'établissement, comme par magie. L'adrénaline a des effets surréels. « Chichois » était bondé. Il demanda à l'un des serveurs s'ils cherchaient quelqu'un pour servir ou autre. Le serveur lui répondit qu'il fallait voir avec le patron, en attendant il va falloir patienter un petit moment. Le serveur s'éclipsa et revint quelques minutes plus tard. Surprise. Il pouvait rencontrer le maître des lieux. Le serveur lui montra une table individuelle assez éloignée, mal éclairée et collée presque à l'entrée de la cuisine. Il s'approcha en priant le ciel et les dieux.

Enfin, face à face avec le propriétaire des lieux (et des cieux ?).

— Monsieur, que puis-je faire pour vous ? hurla le patron tout en lui serrant la main et en l'invitant à s'asseoir.

— Je cherche du travail. Auriez-vous une place vacante ? L'implora timidement et avec une voix à peine audible notre « héros », notre Robert. Suis prêt pour quelconque besogne : ménage, course, plonge, ce que vous avez !

— Avez-vous, déjà, travaillé dans la restauration ?

— Non, mais suis de bonne volonté.

— Auriez-vous un curriculum vitae ?

— Pardon ? Je ne comprends pas !

— C'est un papier sur lequel vous notez vos diplômes, études, vos compétences et votre parcours professionnel.

— Ah ! D'accord ! Je comprends mieux ! Mais, monsieur, je ne suis là (en France) que depuis quelques semaines.

— Bien ! Je vois ! Venez ce soir vers dix-neuf heures et on fera un essai !

— D'accord ! OK !

— Vous logez où ?

— Ici à deux pas ! Le jeune homme lui répondit tout en lui dictant son adresse.

— Parfait ! Bon à ce soir !

— À ce soir !

Il rentra à son hôtel. Ce n'était que l'après-midi. Il avait le temps. Ennuyé, ne sachant que faire, il ressortit faire un tour, plutôt « des tours » aux alentours.

Le temps s'arrêta. Même ses idées. Ses pensées se figèrent, s'envolèrent ou les deux à la fois. Il rentra dans un café, s'assit pour prendre son souffle. Il ne savait plus quoi faire. Dix-neuf heures. Encore une éternité. L'heure ne tournait pas. Il prit une bière pour avaler son impatience. Il n'était que dix-sept heures ! Torturé presque, il décida de rentrer. Il prit une douche et se rasa la barbe. Il était presque dix-huit heures. L'heure fatidique approchait. Il se mit à repasser un pantalon. Un jean. Pour être présentable. Un choix judicieux et calculé. Ce sera pratique pour bouger : aller et venir, monter et descendre et même courir (s'il le faut). Dix-huit heures trente. Il s'habilla et sortit. Il arriva vers dix-huit heures quarante-cinq. C'était bon ! Il rentra. Le chef des serveurs l'accueillit, lui donna un tablier noir, lui montra comment le mettre autour de sa taille. Parfait ! Il lui expliqua que les pourboires ne sont pas partagés comme dans d'autres « boîtes ». Chacun pour soi. Il lui montra comment mettre et disposer les couverts, les serviettes et la nappe. Il lui désigna trois ou quatre tables : son « territoire ». Il ne s'occupera que de ces tables. De suite, pour le moment, ils « boufferont » avant que les clients n'arrivent. C'était un repas délicieux, succulent. Fait-maison. Il ressentait sa saveur après tant d'années. À table (six en tout), il y avait : le patron, un « barmaid », trois serveurs (y compris Robert) et un plongeur. Ils terminèrent en un quart d'heure. C'était rapide. Il le fallait. C'était le métier. C'était une exigence. Quand même, ils eurent le temps de boire un verre de vin rouge (de qualité, doux et bon). Vers la demie, donc vers dix-neuf heures trente, ils étaient tous debout. Ils attendaient les clients. Cela n'avait pas tardé. Le premier arriva quelques minutes après dix-neuf heures trente. Le chef des serveurs l'installa. C'était un habitué : un monsieur d'un certain âge qui discuta un petit moment avec Charles le chef.

Le patron, lui aussi, s'approcha et discuta un peu. Ensuite, affluèrent d'autres clients.

À chaque fois, le patron et Charles, le chef, s'approchaient et discutaient aimablement avec (le/la ou) les clients. Parmi ces derniers, arriva (dans le « carré » de Robert) une dame assez grande de taille, assez costaude et bien large. Tout était large en elle : les épaules, les seins, les mains, les jambes, le visage (le nez plus particulièrement), les hanches. Elle n'était pas laide. Plutôt imposante. Il la reçut, avec un « bonsoir madame » bien appuyé. Le patron et Charles le chef firent de même. Apparemment, c'était une bonne cliente, régulière. Elle commanda. Il la servit. C'était une grande pizza : large comme elle ?

Peut-être ! Il accueillit d'autres clients dans son « territoire » et les servit. En se déplaçant pour « exaucer » les vœux et les demandes de chaque client, il remarqua les regards de madame large trop insistants qui s'attardaient sur sa pauvre personne. Il se dit : « ce doit-être parce que je suis nouveau ! ». Encore une fois, Charles le chef s'approcha et se mit à blablater avec elle tout en riant. Il crut entendre son prénom, il fit semblant de ne rien remarquer. Il s'en foutait. Elle finit par l'appeler en claquant son pouce contre son majeur.

— Je suis à vous, madame ! fit-il. Que désirez-vous ?

— L'addition jeune homme ! lui répondit-elle.

— D'accord !

Sur ce, il alla voir Charles le chef. Pour l'addition. Lui, à son tour, partit vers la caisse, fit l'addition et lui donna le ticket.

— Voici, madame, l'addition ! Cette dernière était « pincée » sur une sous tasse.

— Ah merci ! Vous avez vite fait ! Comment vous vous appelez !

— Votre serviteur Robert !

— C'est beau ! Tenez, ceci est pour vous ! C'était un billet de dix francs qu'elle lui tendit.

— Merci beaucoup chère madame !

— Êtes-vous libre pour m'accompagner chez moi ?

— Pourriez-vous m'attendre ? Je suis obligé de rester, ça fait partie des aléas du métier.

— Bien sûr !

— Je vous sers quelque chose (pour passer le temps) ?

— Non ça va. Finalement oui, un petit martini !

— Je vous l'apporte !

— Merci !

Il était presque vingt et une heures. Il y avait toujours des clients.

Et, elle, « sa cliente », avait l'air impatiente, pressée. Cela se voyait dans ses yeux. Elle n'arrêtait pas de tapoter sur la table nerveusement, avec ses doigts bien boudinés et ses ongles bien manucurés, soufflait bruyamment comme si elle voulait chasser toute la clientèle, tout l'univers. Tout pour elle devenait lent. Pour Robert aussi, ça devenait lent. Extrêmement lent.

Vers minuit, tout se calma. Il n'y avait qu'elle. Le patron et Charles le chef étaient au courant du « désir » de madame Large et ça les faisait rire, entre eux. Discrètement. Lui, pas. Il était sur ses nerfs. Il se demandait comment ça allait finir cette parenthèse « d'accompagnement » ! Le patron s'approcha de Robert, lui donna un billet de cent francs et remarqua sa joie et sa gratitude. Il lui tapota l'épaule en lui disant à demain, Robert, et soyez à l'heure tout en lui faisant un clin d'œil !

Enfin !

Elle et lui.

Lui et elle.

Dans la rue.

Elle lui tendit son bras.

Ils se tinrent bras dessus, bras dessous.

Tout en marchant, elle n'arrêtait pas de le « renifler » avec son « large nez ». Elle parlait, parlait, parlait, lui pressait le bras, lui caressait la poitrine avec ses « larges mains ». Il était son « joujou » ou « chouchou ». Pareil !

Enfin, ils arrivèrent « chez elle ».

— C'est là ! S'exclama-t-elle.

— Déjà ! dit-il en feignant l'étonnement.

— Tu vois chéri ça n'a pas été long.

— Oui, en effet !

— Viens monte. J'habite au premier. Il y a une belle série à la télé.

— D'accord, mais pas longtemps !

Ils montèrent tous deux.

Elle ouvrit la porte et ils entrèrent.

Elle alluma.

Un chat siamois était par là. Dès qu'il les vit, il prit la fuite. Il avait raison. Instinct de survie ? C'était prévisible !

Un étranger et par-dessus tout, un inconnu.

Quelle vision : un désordre digne d'un déménagement. Tout partout.

— Robert, ne regarde pas s'il te plaît ce bric-à-brac. Tu sais, suis seule ! Personne ne s'occupe de moi !

— Je comprends !

— Viens chéri ! Ce grand canapé fera l'affaire ! On sera bien !

Elle le prit par la main et le « jeta » tel un torchon sur le canapé « quatre places ». Elle se débarrassa de son chemisier et posa (plutôt reposa) ses larges seins sur tout son visage. Elle ne portait pas de soutien-gorge. Elle respirait, haletait, tout en le malaxant avec ses seins lourds, généreux, pulpeux et larges. Il appréciait grandement, mais était paralysé.

Aucune chance pour lui de pouvoir bouger. Madame Large voulait l'avaler, l'engloutir : en entier. Elle continua de le tâter, de le caresser, de le toucher partout. Entre temps, madame Large réussit à enlever sa large culotte rouge fluorescente presque (caleçon ? Short ? Nouvelle mode, nouvelle coupe ?) qu'elle balança loin au fin fond de la pièce. Elle finit par s'asseoir sur ses jambes tout en écartant ses cuisses larges. Hummmm ! Il sentait sa chair contre lui. Il aimait ça ! Enfin, Il put la toucher et la caresser un peu. Ses bras, ses cuisses, ses seins, son visage s'agitaient et se frottaient sur et contre lui. Une fougue de sensualité, des désirs partagés indescriptibles. Ça chauffait entre eux et partout. Sa transpiration et son désir giclaient. Ça vivait, ça mordait, ça tremblait. Tonnerre. Volcan.

Et puis ! Et puis !

Le calme plat !

Un océan d'huile !

Aucune vague.

Une horizontalité infinie et mortelle.

Le vide !

Le silence !

Cette « masse large » de désirs, de voluptés et d'envies se tassa.

Plus rien !

Madame Large s'étala sur le canapé !

Heureusement pas sur le sol !

Il crut devenir fou ! Il ne sut quoi faire !

Elle ne bougeait plus !

Elle ne parlait plus !

Ses larges jambes et ses larges bras étaient écartés. Elle-même éternellement large et presque sans vie.

Elle respirait – à peine.

Une idée éclaire, lui passa par la tête : partir sur le champ, fuir.

Non ! Cela ne se fait pas !

Il se leva et chercha un téléphone. Par miracle, il le trouva. Il traînait, quelque part, caché sous une commode. Un vrai foutoir !

Il appela les pompiers. Voilà qui est fait.

Il s’approcha d’elle et lui caressa le visage large tout en essayant de la rassurer. Aucun signe de sa part, à part son silence large. Muette largement comme une pierre.

Enfin, les pompiers arrivèrent et prirent soin d’elle. Ils l’aidèrent à s’asseoir. Robert s’approcha d’elle et l’embrassa en guise de reconnaissance et de remerciement. Elle « revit ». C’était le plus important. Les pompiers partirent et lui par la même !

Le 28 avril 2021
à Castelnau-le-Lez

Le job

J'ai envie de t'avouer quelque chose qui m'arrivait, parfois, en Égypte. L'enseignement ne me rapportait que misère, tracas et soucis. À part les quelques cours particuliers, je n'avais guère d'autres revenus.

Tu sais bien que l'Égypte à partir du dixième siècle après Jésus Christ est devenue un pays arabisé et à majorité musulmane. Bref, je ne rentre pas dans les détails historiques. Ce n'est nullement mon propos ni mon objectif ! Alors, comme tu le sais, les Égyptiens (Juifs, Chrétiens, Musulmans et Athées) sont envahis par les émissions religieuses à la télévision et à la radio. Et, à force d'entendre sans le vouloir, tout le « brouhaha » coranique partout dans les rues, dans le voisinage et à travers toute sorte de médias, j'ai pu retenir quelques versets coraniques (crois-moi, sans le vouloir !).

J'avais un ami de confession musulmane. Ce dernier m'invita, un jour, à la « cérémonie » d'enterrement de son oncle décédé à l'âge de soixante-deux ans : un monsieur respectable et reconnu par son entourage et sa communauté comme quelqu'un d'intègre et généreux. Bien sûr, j'acceptai son invitation chaleureuse et sincère. En arrivant, on me servit un excellent café « grec ».

Tout le monde était assis sous une énorme tente (montée et louée pour l'occasion par des professionnels) dans l'attente du préposé à la lecture des textes sacrés du coran.

Le temps passait. La famille du défunt s'inquiétait de ce « retard » anormal et inhabituel. Normal : un embarras malvenu !

Bref, futé comme je le suis, je me proposai pour cette tâche : « la lecture ». À ma grande surprise, la famille accepta. On me proposa, même, de rajouter quelques versets bibliques aux versets coraniques (puisque je suis chrétien). De cette façon, l'oncle bénéficiera d'un double pardon et, par la même, d'un double paradis s'ils lui étaient accordés par « Dieu le Père ».

Sitôt décidé, sitôt je commençai la « récitation » et fis un mélange original et « dadaïste » des textes sacrés. Une vraie sauce spirituelle pour « l'au-delà ». À ma grande surprise, la foule était admirative, enchantée, en transe et grisée par ma « maîtrise ». Terminée la récitation. Arriva le moment des félicitations, des congratulations et des embrassades. Certaines dames en larmes me serrèrent et me prirent, même, dans leurs bras tellement elles étaient émues. En guise de reconnaissance, la famille me remit quelques jolis et grands billets de livres égyptiennes.

Depuis ce jour, ce n'était pas rare qu'on fasse appel à moi et à mes talents. Raison de plus pour remplir mon porte-monnaie.

Le 9 août 2012
à Castelnau-le-Lez

Table des matières

Imprimé en Allemagne
Achevé d'imprimer en février 2022
Dépôt légal : février 2022

Pour

Le Lys Bleu Éditions
40, rue du Louvre
75001 Paris

www.ingramcontent.com/pod-product-compliance
Lightning Source LLC
LaVergne TN
LVHW050344160826
845677LV00014B/3779
9791037754677